AF878257

Handelsvertragsverein.
Berlin W. Köthenerstraße 28/29.

Der neue niederländische Zolltarif.

Vergleichende Gegenüberstellung des neuen Regierungsentwurfs eines Zolltarifgesetzes nebst Zolltarifs und der bisherigen Zollsätze.

Übersetzt
von
Dr. Heinz Potthoff.

Berlin.
Druck und Verlag von Georg Reimer.
1904.

Das neue Tarifgesetz.

(Entwurf.)

Wir Wilhelmine usw.

Artikel 1.

Von den zum Gebrauche oder Verbrauche eingeführten Waren wird ein Einfuhrzoll nach Maßgabe des zu diesem Gesetze gehörenden Tarifes erhoben.

Artikel 2.

Waren, die in dem oben (Art. 1) bezeichneten Tarife nicht genannt sind, werden zum Zwecke der Anwendung des Tarifes nach ihrer Art oder ihrer Bestimmung unter eine der darin genannten Positionen geordnet.

Artikel 3.

Die im vorigen Artikel erwähnte Einordnung geschieht durch die im dritten Absatze dieses Artikels genannte Tarifkommission.

Wer eine Zolldeklaration abgibt und sich mit der Verzollung der von ihm eingeführten Waren nach bestimmten Zollpositionen durch die Zollverwaltung nicht bescheidet, kann die Entscheidung der Tarifkommission anrufen, die bestimmt, unter welche Position des Tarifes die eingeführte Ware zu bringen ist.

Die Tarifkommission besteht aus fünf Mitgliedern, von denen eines als Vorsitzender von Uns ernannt wird, je eines von den Arrondissementsgerichten zu Amsterdam und zu Rotterdam, und je eines durch die Handels- und Gewerbekammern in den genannten Städten.

In gleicher Weise wird für jedes dieser Mitglieder ein Stellvertreter ernannt.

Alle fünf Jahre scheidet ein Teil der Mitglieder und ihrer Stellvertreter aus. Die näheren Vorschriften werden von Uns erlassen.

Die Ausscheidenden können wiederernannt werden.

Der Vorsitzende und sein Stellvertreter können von Uns, die übrigen Mitglieder und ihre Stellvertreter können von der Körperschaft, die jeden ernannt hat, durch einen begründeten Beschluß abgesetzt werden.

Die Mitglieder der Kommission und ihre Stellvertreter legen vor ihrem Amtsantritte in Gegenwart des Kommissäres derjenigen Provinz, in der sie ihren Wohnsitz haben, folgenden Eid oder Gelöbnis ab:

„Ich schwöre (gelobe), daß ich als Mitglied (stellvertretendes Mitglied) der Tarifkommission gemäß den Vorschriften des Gesetzes mit Eifer und Unparteilichkeit und nach bestem Gewissen handeln werde.

So wahr mir Gott der Allmächtige helfe! (Das gelobe ich).“

Von dieser Handlung wird ein Protokoll aufgenommen.

Aus dem Ablegen des Eides oder des Gelöbnisses und aus der Aufnahme des Protokolles erwachsen keine Kosten.

Im Falle einer Wiederernennung derselben Person nach dem periodischen Ausscheiden ist kein neuer Eid oder Gelöbnis erforderlich.

Die Kommission kann sich durch Sachverständige beraten lassen.

Sie beschließt mit Stimmenmehrheit. Ergibt sich keine Mehrheit, so entscheidet der Vorsitzende.

Die Kommission gibt ihre Beschlüsse mit Begründung. Sie ist nicht beschlußfähig, wenn nicht der Vorsitzende oder sein Stellvertreter und zwei der Mitglieder oder ihre Stellvertreter anwesend sind.

Die Vergütungen an die Mitglieder und an die stellvertretenden Mitglieder der Kommission für die Entscheidungen, die Reisekosten und die Vergütungen an die Sachverständigen, welche die Kommission beraten haben, werden von Uns geregelt.

Die fernere Ausführung dieses Artikels geschieht durch allgemeine Verordnung.

Artikel 4.

Für Waren aus solchen Ländern, die keine Übereinkunft über die Anwendung der Zolltarife mit den Niederlanden geschlossen haben, und in denen niederländische Waren oder Waren aus den niederländischen Kolonien oder Besitzungen ungünstiger behandelt werden als die aus irgend einem anderen Lande kommenden, können die durch den in Art. 1 genannten Tarif festgesetzten Zölle um die Hälfte erhöht werden. Sind die Waren im Tarife nicht belastet, so kann ein Zoll nach dem Maßstabe von 15 % ihres Wertes erhoben werden.

Unser Beschluß, durch den hinsichtlich der Waren aus einem bestimmten Lande die Erhebung der im vorigen Absatze erwähnten höheren Zölle befohlen wird, ordnet auch an, hinsichtlich welcher Waren die Erhebung Platz greifen soll; von der Erhebung ausgeschlossen sind Erzeugnisse, die als Lebensbedürfnisse oder als Roh- oder Hilfsstoffe für den Ackerbau oder für die Industrie anzusehen sind.

Mit der Ausfertigung Unseres Beschlusses wird gleichzeitig eine Gesetzesvorlage vor die Zweite Kammer der Generalstaaten gebracht, zur Genehmigung der Zollsätze, deren Erhebung auf Grund des ersten Absatzes dieses Artikels befohlen ist.

Wird die Vorlage zum Gesetze erhoben, so hört, sobald das Gesetz in Kraft tritt, die Geltung Unseres obengenannten Beschlusses auf. Bei Nichtannahme des Gesetzentwurfes durch eine der beiden Kammern der Generalstaaten wird Unser Beschluß unverzüglich zurückgenommen.

Artikel 5.

Wir behalten Uns vor, bei Anwendung der Maßregel im vorigen Artikel, durch allgemeine Verordnung Vorschriften aufzustellen, wie der Nachweis der Herkunft der zur Einfuhr angemeldeten Waren zu führen ist.

Bei Nichterfüllung dieser Vorschriften werden die Waren behandelt, als ob sie aus einem im ersten Absatz des vorigen Artikels genannten Lande kommen.

Artikel 6.

Teile von Gegenständen werden, soweit sie nicht ausdrücklich für frei erklärt oder besonders belastet sind, bei der Anwendung des Tarifes in gleicher Weise behandelt wie die Gegenstände selbst.

Artikel 7.

Unter den notwendigen, durch allgemeine Verordnung festzustellenden Sicherheitsmaßregeln werden von Zoll und Verbrauchssteuern befreit Waren, die binnen zwei Jahren nach der Ausfuhr aus dem freien Verkehre wieder eingeführt werden, wenn sie inzwischen keine Bearbeitung erfahren haben.

Ist für die Waren bei der Ausfuhr eine Abschreibung oder Rückzahlung von Verbrauchssteuer gewährt, so wird die Befreiung vom Einfuhrzoll nur bewilligt, wenn die bei der Ausfuhr abgeschriebene oder zurückgezahlte Summe wieder sichergestellt oder bezahlt ist.

Artikel 8.

Unter den notwendigen, durch allgemeine Verordnung festzustellenden Sicherheitsmaßregeln werden vom Einfuhrzolle befreit steuerfreie Waren, die eingeführt werden, um hier im Lande irgend eine Bearbeitung zu erfahren und darnach wieder ausgeführt zu werden.

Artikel 9.

Wir behalten Uns vor, durch allgemeine Verordnung Vorschriften aufzustellen, nach denen steuerfreie Waren, die zur Bearbeitung nach dem Auslande gesandt sind, wieder eingeführt werden können gegen Entrichtung von Einfuhrzoll gemäß der Wertvermehrung oder der Gewichtsvermehrung infolge der Bearbeitung und unter Anwendung des in Art. 1 genannten Tarifes.

Die Vorschrift ordnet zugleich an, in welcher Weise der Einfuhrzoll berechnet wird.

Artikel 10.

Unter den notwendigen, durch allgemeine Verordnung festzustellenden Sicherheitsmaßregeln wird kein Einfuhrzoll erhoben von:

a) Ausrüstungsstücken für Flöße, einschließlich Tauwerk, die als gebrauchte Gegenstände ein- und wieder ausgeführt werden;

b) Waren, bestimmt für Gesandte, Gesandtschaftsräte, Sekretäre und Attachés fremder Staaten, soweit in den Staaten unsere diplomatischen Beamten gleiche Freiheit genießen. Diese Freiheit wird auch verliehen an die ausländischen Mitglieder des Permanenten Schiedsgerichtshofes im Haag;

c) Fuhrwerken und Fahrzeugen aller Art, einschließlich Fahrrädern und Motorwagen, sowie auch Pferden, Maultieren und Mauleseln, die nach vorübergehendem Gebrauche im Auslande ins Reich zurückkommen oder lediglich zu vorübergehendem Gebrauche ins Land hereinkommen.

Ein Gebrauch, der länger als sechs Monate dauert, wird im Sinne dieser Vorschrift nicht als vorübergehend angesehen;

d) gebrauchten Sachen, die reisende Personen zu ihrem persönlichen Gebrauche während der Reise mit sich führen;

e) Schiffsvorrat und Schiffsbedarf an Bord von eingehenden Schiffen und Flößen;

f) Hausrat, soweit er aus gebrauchten Sachen besteht;

g) Früchten von Grundstücken, die auf fremdem Gebiete innerhalb eines Abstandes von 5500 Metern von der Reichsgrenze gelegen und in Benutzung von niederländischen Eingesessenen sind, wenn die Einfuhr zwischen Sonnenaufgang und -Untergang und in der gewöhnlichen Erntezeit geschieht;

h) leeren, aber gebrauchten Säcken, Fässern, Kisten, Käsegestellen und dergleichen für die Beförderung von Waren eigens hergestellten oder eingerichteten Gegenständen. Grober Emballage, in der Waren eingeführt werden, unbeschadet der Vorschrift in Art. 15 für die nach Gewicht zu verzollenden Waren;

i) naturgeschichtlichen und etnografischen Gegenständen, Bildern, Abgüssen und allen ähnlichen Artikeln, die zum Unterrichte in den Naturwissenschaften und zum Aufbewahren in öffentlichen Museen oder Sammlungen bestimmt sind.

j) Teilen von Schiffen oder Gegenständen, von denen nachgewiesen wird, daß sie Teile eines im Inlande zu bauenden oder auszubessernden Schiffes werden sollen;

k) Särgen mit Leichen, einschließlich der damit eingeführten, zum Schmucke der Totenbahre dienenden Gegenstände.

Die unter den Buchstaben b, e und i genannten Waren bleiben auch von Verbrauchssteuern frei.

Artikel 11.

Unser Finanzminister kann in besonderen Fällen, unter den nötigen Sicherheitsmaßregeln, Waren, die nur kurze Zeit im Lande bleiben sollen, zollfrei zulassen.

Artikel 12.

Unser Finanzminister kann in besonderen Fällen die Rückgabe eines Zolles bewilligen, der durch Irrtum oder unbeabsichtigte Versäumnis zu viel oder zu Unrecht bezahlt ist.

Artikel 13.

Für die Anwendung des Tarifes werden zur Feststellung von Gewicht, Maß, Inhalt oder Wert, Teile von einem Kilogramm, einem Kubikmeter, einem Liter oder einem Gulden für ein volles Kilogramm, einen vollen Kubikmeter, ein volles Liter oder einen vollen Gulden gerechnet, ausgenommen wenn für Güter, die nach Gewicht oder Maß verzollt werden, die eingeführte Menge weniger als ein Kilogramm oder ein Liter beträgt. Im letzteren Falle werden Teile von einem Hektogramm oder von einem Deziliter zu einem vollen Hektogramm oder einem vollen Deziliter aufgerundet.

Bei der Berechnung des Einfuhrzolles werden Bruchteile von einem Cent zu einem vollen Cent aufgerundet.

Artikel 14.

Der Einfuhrzoll beträgt für jede Anmeldung mindestens fünf Cent.

Artikel 15.

Für Waren, die nach dem Gewichte zu verzollen sind, wird, soweit nicht der Tarif anderes vorschreibt und vorbehaltlich der Bestimmung in Art. 17, der Zoll berechnet nach dem Bruttogewichte abzüglich der Tara, die durch allgemeine Verordnung festgesetzt werden wird.

Artikel 16.

Wer Waren anmeldet und mit der nach dem vorigen Artikel festgesetzten Tara nicht zufrieden ist, kann den Zoll bezahlen nach dem Nettogewicht, das auf seine Kosten durch Beamte zu ermitteln ist. Unter Nettogewicht ist dann zu verstehen das Bruttogewicht der Waren abzüglich des Gewichtes der groben Verpackung.

Streitigkeiten über die Frage, was als grobe Verpackung anzusehen ist, entscheidet der Zollinspektor oder sein Vertreter.

Besteht die zu ermittelnde Sendung aus einer großen Anzahl Kolli derselben Art und Größe, so kann das Nettogewicht nach einem einzelnen, von den Beamten zu bezeichnenden, dieser Kolli bestimmt werden.

Artikel 17.

Sind Waren, die nach dem Gewichte verzollt werden, mit anderen Waren zusammengepackt, so wird der Zoll für die erstgenannten stets nach dem Nettogewichte gemäß den Vorschriften in Art. 16 berechnet.

Artikel 18.

Für steuerfreie flüssige Waren, die nach dem Maße belastet sind, wird der Zoll berechnet nach dem gesamten Rauminhalte der Fässer, Flaschen, Krüge oder dergleichen.

Bei Einfuhr im Faß kann der Anmeldende nach seiner Wahl auch den Zoll nach der tatsächlich vorhandenen Menge bezahlen, die auf seine Kosten von Beamten zu ermitteln ist.

Artikel 19.

Verboten ist die Einfuhr

a) von Büchern, soweit sie Nachdrucke von wissenschaftlichen, literarischen oder Kunstwerken sind, deren Verlagsrecht im Reiche oder in Staaten besessen wird, mit denen darüber Verträge geschlossen sind.

b) in Deutschland oder Belgien geltender Münzen aus Silber oder unedlem Metalle.

Diese Vorschrift gilt nicht, soweit das Eingeführte nicht mehr beträgt als in Silber zwanzig Mark oder fünfundzwanzig Frank, in unedelem Metalle zehn Mark oder zwölf und einen halben Frank.

Artikel 20.

Die Ein-, Aus- und Durchfuhr von Geschützen und Lafetten, Handfeuerwaffen, blanken Waffen, Geschossen, Schrot,

Patronen und anderer Munition, von Schießpulver, Dynamit und anderen Sprengstoffen und Zündstoffen können durch allgemeine Verordnung ganz oder zum Teil verboten werden.

Artikel 21.

Die gemäß dieses Gesetzes aufzunehmenden und auszufertigenden Schriftstücke sind frei von Stempel und Registraturformalitäten.

Die Quittungen über bezahlten oder hinterlegten Zoll sind mit von der Stempelgebühr befreit.

Artikel 22.

In Art. 92 lit. e des Allgemeinen Gesetzes vom 26. August 1822 (Staatsblatt No. 38) wird „davon" ersetzt durch „der Einfuhrzölle".

In Art. 102 dieses Gesetzes fallen die Worte „zur Bezahlung der Steuern und der Strafe" aus.

In Art. 120 desselben Gesetzes wird unter 30 hinter „eigene Benennung" eingefügt „soweit es nach den Unterscheidungen des Tarifes notwendig ist".

In Art. 192 des genannten Allgemeinen Gesetzes in der durch Art. 32 des Gesetzes vom 20. April 1895 gegebenen Fassung (Staatsblatt No. 54) fallen die Worte „nach dem Werte belastet und" aus.

In Art. 213 dieses Gesetzes wird hinter „andere Schriftstücke" eingefügt „oder auf schriftliche Anmeldung zur Einfuhr gemäß Art. 143" und hinter „der Schriftstücke" „oder schriftlichen Anmeldung", während in diesem Artikel ausfallen die Worte „das ist eine Gattung für die andere". An den genannten Artikel wird der folgende Zusatz angefügt „Unter einer Angabe unter falscher Benennung ist darnach zu verstehen sowohl die Angabe einer Gattung für die andere, wie jede andere unrichtige Bezeichnung der Art der Waren, deren Folge eine Vermeidung von Einfuhrzoll sein kann".

Im zweiten Absatze von Art. 282 des genannten Allgemeinen Gesetzes werden hinter dem Worte „Verbrauchssteuer“ eingefügt die Worte „oder der Einfuhrzoll“ und wird „Uns“ ersetzt durch „Unseren Finanzminister“.

Artikel 23.

Dieses Gesetz kann zitiert werden unter dem Titel „Tarifgesetz“.

Mit dem Zeitpunkte seines Inkrafttretens sind aufgehoben:

das Gesetz vom 15. August 1862 (Staatsblatt No. 170),

Art. 9 des Gesetzes vom 1. Mai 1863 (Staatsblatt No. 47),

das Gesetz vom 6. April 1877 (Staatsblatt No. 71),

das Gesetz vom 19. März 1888 (Staatsblatt No. 50),

Art. 1 des Gesetzes vom 4. Mai 1889 (Staatsblatt No. 45),

Art. 3 des Gesetzes vom 27. September 1892 (Staatsblatt No. 225),

Art. 84 des Gesetzes vom 27. September 1892 (Staatsblatt No. 227).

das Gesetz vom 11. Dezember 1893 (Staatsblatt No. 175) und

Art. 88 1b des Gesetzes vom 29. Januar 1897 (Staatsblatt No. 63), wie er durch Art. XIV des Gesetzes vom 24. Juli 1903 (Staatsblatt No. 248) festgesetzt ist.

Wir verordnen und befehlen, daß dieses Gesetz in das Staatsblatt aufgenommen wird usw.

Einfuhrzolltarif.

Warengruppen.

I. Tiere und tierische Erzeugnisse (No. 1—60).
II. Pflanzliche Erzeugnisse (No. 61—133).
III. Mineralien, Metalle und Waren daraus (No. 134—204).
IV. Mehl und Mehlfabrikate (No. 205—218).
V. Chemische Erzeugnisse, Heilmittel, Drogen, Farbwaren, Farbstoffe und Gerbemittel (No. 219—248).
VI. Öle, Fette, Wachs, Teer, Pech und Destillationsprodukte von Teer und Steinkohle (No. 249—272).
VII. Holz und Waren daraus (No. 273—299).
VIII. Häute, Felle und Leder (No. 300—310).
IX. Garne, Gewebe und Stoffe, Kleider und Modewaren (No. 311 bis 328).
X. Steinzeug, Töpferwaren, Backsteine und dergleichen Kunststeine (No. 329—341).
XI. Glas (No. 342—352).
XII. Papier (No. 353—367).
XIII. Nahrungs- und Genußmittel (No. 368—406).
XIV. Fuhrwerke, Fahrzeuge und Schiffe (No. 407—410).
XV. Gegenstände aus verschiedenen Grundstoffen (No. 411—445).

Erklärungen:

n. b. b.	=	nicht besonders belastet.
n. b. g.	=	nicht besonders genannt.
B.	=	Bruttogewicht.
v. W.	=	vom Werte der Waren.
f.	=	Gulden (zu M. 1,70).

Gruppe I.

Tiere und tierische Erzeugnisse.

No.	Artikel	Maßstab	Zoll neuer Entwurf	Zoll alter Tarif
	Lebende Tiere.			
1	Pferde n. b. b.	d. Stück	f. 10,—	frei
2	Pferde von nicht mehr als 1,45 m Schulterhöhe, sowie Maultiere und Maulesel	"	5,—	"
3	Ochsen	—	frei	"
4	Stiere	—	"	"
5	Kühe	—	"	"
6	Jungvieh	—	"	"
7	Kälber	—	"	"
8	Schafe	—	"	"
9	Lämmer	—	"	"
10	Böcke und Ziegen	—	"	"
11	Schweine	—	"	"
12	Esel	—	"	"
13	Wild und Kaninchen	100 kg B	f. 10,—	5 % v. W.
14	Federvieh und anderes eßbares Geflügel:			
	a) Truthähne	d. Stück	0,20	5 % v. W.
	b) anderes	"	0,10	5 % v. W.
15	Sing- und Ziervögel	"	0,10	frei
16	Bienen in Körben	—	frei	"
17	Lebende Tiere, n. b. g.	—	"	"

No.	Artikel	Maßstab	Zoll neuer Entwurf	Zoll alter Tarif
	Fische, Schal- und Muscheltiere.			
18	Fische, frisch	—	frei	frei
19	Fische, gesalzen	—	"	"
20	Fische, getrocknet	100 kg B	f. 1,50	"
21	Fische, geräuchert	" B	5,—	"
	Sind die unter No. 20 und 21 genannten Fische in Büchsen, Flaschen, Töpfen u. dgl. verpackt, so werden sie nach No. 24 verzollt.			
22	Krebse und Austern	" B	10,—	"
23	Schal- und Muscheltiere n. b. g.	—	frei	"
24	Fische, Schal- und Muscheltiere, gekocht, eingemacht oder auf andere Weise für sofortigen Gebrauch zubereitet, n. b. b.	100 kg	25,—	25,—
	Tierische Erzeugnisse.			
	Fleisch.			
25	Rind- und Kalbfleisch:			
	a) frisch oder gesalzen	100 kg	6,—	6,—
	b) geräuchert od. getrocknet	"	8,—	8,—
26	Pferdefleisch:			
	a) frisch oder gesalzen	"	6,—	6,—
	b) geräuchert od. getrocknet	"	8,—	8,—
27	Schaffleisch	"	6,—	frisch: frei, gesalzen: 1,—
28	Schweinefleisch und Speck:			
	a) frisch	"	1,—	
	b) gesalzen, geräuchert oder getrocknet	"	1,50	geräuchert, getrocknet: 1,25

No.	Artikel	Maßstab	Zoll neuer Entwurf	Zoll alter Tarif
29	Wurst:			
	a) frisch oder gesalzen . . .	100 kg	f. 6,—	6,—
	b) geräuchert od. getrocknet	„	8,—	8,—
30	Fleisch in Büchsen von 1,8 kg netto oder mehr	„	8,—	6,—
31	Fleisch, Fleischwaren u. Wurst, gekocht oder auf andere Weise für sofortigen Gebrauch zubereitet oder in Büchsen verpackt n. b. b. .	„	25,—	25,—
32	Wild, Geflügel und Kaninchen (tot) und Fleisch davon . .	„	12,—	5 % v. W.
33	Dasselbe, gekocht oder auf andere Weise für sofortigen Gebrauch zubereitet.	„	25,—	5 % v. W.*)
34	Fett von Rindern und Schafen:			
	a) unverschmolzen	„	3,—	frei
	b) verschmolzen.	—	frei	„
35	Schweineschmalz	—	„	„
36	Margarine:			
	a) roh	—	„	„
	b) zubereitet	—	„	„
37	Milch n. b. g.	—	„	„
38	Butter	—	„	„
39	Käse	100 kg	f. 8,—	5,—
40	Topfkäse	—	frei	frei
41	Walfisch- und Robbenspeck. .	—	„	„
42	Tierisches Fett n. b. g.	—	„	„

*) In luftdichten Büchsen f. 25,— für 100 kg.

No.	Artikel	Maßstab	Zoll neuer Entwurf	Zoll alter Tarif
43	Wolle:			
	a) roh und Abfall von Wolle	—	frei	frei
	b) gebleicht	—	"	"
44	Menschenhaar.	100 kg	f. 50,—	frei *)
45	Schweinsborsten	—	frei	frei
46	Tierhaar n. b. g.	—	"	frei **)
47	Zähne, auch Elefantenzähne, Hörner, Klauen, Därme und anderer tierischer Abfall . .	—	"	"
48	Fischbein	—	"	"
49	Knochen und Knochenmehl . .	—	"	"
50	Seide, roh, und Abfall von Seide	—	"	"
51	Eier	100 kg B	f. 1,—	frei
52	Eigelb und Eiweiß	—	frei	"
53	Honig	100 kg	f. 6,—	2,50
54	Bettfedern und Daunen:			
	a) ungereinigte Bettfedern.	—	frei	frei
	b) gereinigte Bettfedern, Daunen	100 kg B	f. 4,—	"
55	Schwämme:			
	a) roh	—	frei	"
	b) gebleicht oder zubereitet	100 kg B	f. 10,—	"
56	Perlen	—	frei	"
57	Korallen	—	"	"
58	Muscheln, unbearbeitet	—	"	"
59	Mist und Düngemittel n. b. g.	—	"	"
60	Tierische Erzeugnisse n. b. g.	—	"	"

*) Gekräuselt oder sonst bearbeitet: 5 % v. W.
**) Roßhaar, gekocht oder gekräuselt (Krollhaar) 5 % v. W.

Gruppe II.

Pflanzliche Erzeugnisse.

No.	Artikel	Maßstab	Zoll neuer Entwurf	Zoll alter Tarif
	Getreide, Hülsenfrüchte und Saaten.			
61	Getreide, gedroschen oder ungedroschen	—	frei	frei
62	Getreide, geschält oder zerkleinert	—	,,	,,
63	Malz	100 kg	f. 0,30	,,
64	Kleie und anderer Abfall von Getreide	—	frei	,,
65	Reis in Hülsen	—	,,	,,
66	Reis, geschält	—	,,	,,
67	Erbsen und Bohnen, frisch und getrocknet	—	,,	,,
68	Erbsen und Bohnen, Konserven, für den Kleinverkauf verpackt	100 kg	f. 25,—	25,—
69	Saaten	—	frei	frei
	Gemüse und Küchengewächse.			
70	Gemüse:			
	a) frisch und getrocknet	—	,,	,,
	b) eingemacht	100 kg	f. 1,—	5 % v. W.
	c) Konserven, für den Kleinverkauf verpackt	,,	25,—	25,—
71	Gurken, Pfeffergurken und Zwiebeln:			
	a) frisch	—	frei	frei
	b) eingemacht	100 kg	f. 1,—	5 % v. W.

No.	Artikel	Maßstab	Zoll neuer Entwurf	Zoll alter Tarif
	c) Konserven, für den Kleinverkauf verpackt	100 kg	f. 25,—	25,—
72	Andere Küchengewächse	—	frei	frei
	Früchte.			
73	Äpfel:			
	a) frisch	100 kg	f. 1,—	5 % v. W.
	b) getrocknet	„	2,—	5 % v. W.
74	Trauben	„	10,—	frei
75	Kirschen	„	1,—	5 % v. W.
76	Erdbeeren	„	10,—	frei
77	Ananas, frisch	„	10,—	„
78	Mandeln	„	5,—	4,—
79	Rosinen:			
	a) Schwarzrosinen, Samos- und Denia-Rosinen	„	0,25	0,25
	b) andere	„	2,50	1,—
80	Korinthen	„	1,50	0,25
81	Feigen:			
	a) in Ballen von 10 kg und darüber	„	1,—	1,—
	b) auf andere Weise verpackt	„	3,—	1,—
82	Pflaumen, getrocknet	100 kg	f. 2,—	1,50
83	Apfelsinen	v. W.	6 %	5 %
84	Zitronen	„	6 %	5 %
85	Haselnüsse	100 kg	f. 3,—	5 % v. W.
86	Walnüsse	„	2,—	5 % v. W.
87	Kokosnüsse	„	0,80	5 % v. W.
88	Paranüsse	„	2,—	5 % v. W.
89	Zederäpfel, nicht in Salzwasser eingeführt	—	frei	5 % v. W.

No.	Artikel	Maßstab	Zoll neuer Entwurf	Zoll alter Tarif
90	Alle anderen frischen oder getrockneten Früchte n. b. g.	100 kg	f. 3,—	5⁰/₀ v.W.
91	Früchte:			
	a) in Branntwein oder Wein	„	25,—	10⁰/₀ v.W.
	b) in Sirup oder Zucker eingemacht	„	25,—	18,—
	c) mit Zucker glaciert oder kandiert	„	25,—	25,—
	d) in Wasser oder eigenem Saft gekocht	„	25,—	25,—
	e) gesalzen oder eingemacht in Pökel, Essig oder Öl	„	25,—	10⁰/₀ v.W.
92	Fruchtmus:			
	a) mit Zucker bereitet . . .	„	25,—	25,—
	b) anderes	„	3,—	5⁰/₀ v.W.
93	Sukkade	„	18,—	3,—
94	Zitronen- und Orangenschalen:			
	a) getrocknet	—	frei	frei
	b) Marmelade	100 kg	f. 18,—	5⁰/₀ v.W.
95	Früchte, nicht eßbar	—	frei	frei
	Bäume, Pflanzen, Blumen.			
96	Bäume	—	„	„
97	Sträucher	—	„	„
98	Blumengewächse und Zierpflanzen	—	„	„
99	Blumen, Zweige, Blätter, abgeschnitten, lose oder in Sträußen oder Kränzen . . .	—	„	„
100	Blumenzwiebeln	—	„	„

No.	Artikel	Maßstab	Zoll neuer Entwurf	Zoll alter Tarif
	Erzeugnisse verchiedener Art.			
101	Kartoffeln	—	frei	frei
102	Zuckerrüben	—	"	"
103	dasselbe, Schnitzel von — . . .	—	"	"
104	Zichorienwurzeln:			
	a) frisch	—	"	"
	b) getrocknet	—	"	"
105	Knollengewächse n. b. g.	—	"	"
106	Hopfen	—	"	"
107	Kuchen, Raps-, Lein-, Erdnuß- u. andere Viehfutterkuchen, sowie Mehl von Viehfutterkuchen	—	"	"
108	Melasseviehfutter	—	"	"
109	Spülich und Schnitzel	—	"	"
110	Heu	—	"	"
111	Stroh	—	"	"
112	Kakaobohnen u. Kakaoschalen	—	"	"
113	Kopra	—	"	"
114	Erdnüsse	—	"	"
115	Palmenmark	—	"	"
116	Galläpfel	—	"	"
117	Rinde:			
	a) ungemahlen	—	"	"
	b) gemahlen oder Lohe . .	—	"	"
118	Gerbstoffe n. b. g.	—	"	"
119	Kautschuk und Guttapercha .	—	"	"
120	Torf	—	"	"
121	Torfstreu	—	"	"
122	Karden oder Weberdisteln . . .	—	"	"

No.	Artikel	Maßstab	Zoll neuer Entwurf	Zoll alter Tarif
	Faser-, Flecht- und Spinnstoffe.			
123	Hanf und Abfall von Hanf (Werg)	—	frei	frei
124	Flachs und Abfall von Flachs	—	"	"
125	Baumwolle:			
	a) roh, nicht gefärbt	—	"	"
	b) Abfall von —	—	"	"
126	Watte, auch entfettet oder chemisch zubereitet:			
	a) für den Kleinverkauf verpackt in Mengen von 1 kg oder weniger	100 kg	f. 10,—	5 % v.W.
	b) anders verpackt	"	3,—	frei
127	Binsen, Schilf, Weiden, Zweige	—	frei	"
128	Rohr und Bambus	—	"	"
129	Kapok	—	"	"
130	Seegras und Alfa	—	"	"
131	Pflanzenhaar	—	"	"
132	Gras, getrocknet n. b. b.	—	"	"
133	Faser-, Flecht- und Spinnstoffe n. b. g.	—	"	"

Gruppe III.

Mineralien, Metalle und Waren daraus.

No.	Artikel	Maßstab	Zoll neuer Entwurf	Zoll alter Tarif
134	Erde, Sand und Ton	—	frei	frei
	Natürliche Steine.			
135	Marmor, Hartstein, Granit, Sandstein und andere natürliche Steine:			
	a) unbearbeitet, auch gesägte oder roh behauene Blöcke und Platten, und Straßenkies	—	„	„
	b) Platten oder Blöcke, geschliffen, poliert, abgedreht oder auf andere Weise bearbeitet	v. W.	6 %	frei
	Platten, zu Blättern für Tische, Waschtische, Büffets usw. verarbeitet, sind als „Möbel" zu verzollen.*)			*) desgl.
136	Steine, bearbeitet zu baulichem Schmucke oder zu Kaminmänteln, Rinnsteinen, Türschwellen, Grabsteine, Grabmälern und dgl.	„	6 %	frei
137	Gegenstände aus Stein n. b. g.	„	12 %	„
138	Schleif- und Wetzsteine.....	„	3 %	„ *)
139	Mühlensteine	„	3 %	„
140	Schmirgel...............	—	frei	„

*) Kleine Wetzsteine als Kurzwaren 5 % v. W.

No.	Artikel	Maßstab	Zoll neuer Entwurf	Zoll alter Tarif
141	Edelsteine und Halbedelsteine, auch wenn sie in Schmuckstücken oder Gerätschaften eingesetzt sind..........	—	frei	frei
142	Erze und Schlacken.....	—	„	„
	Metalle.			
	Eisen und Stahl.			
143	Gegossen in rohen Blöcken, Stücken u. dgl., Alteisen..	—	„	„
144	In festem Zustande bearbeitet, nur gewalzt, gezogen (Draht), geschmiedet, gepreßt, geschnitten oder gesägt, verzinnt (Blech), verzinkt oder auf andere Weise mit Metallen überzogen, gefirnißt, gefärbt oder lackiert:			
	a) zur Verarbeitung für verschiedene Zwecke bestimmt	—	„	„
	b) anderes, soweit nicht besonders belastet	v. W.	3 %	„
145	Platten:			
	a) von höchstens vier geraden Linien umgrenzt.	—	frei	„
	b) andere	v. W.	3 %	„
146	Gußstücke in dem Zustande, wie sie aus der Gießform kommen	„	3 %	„

No.	Artikel	Maßstab	Zoll neuer Entwurf	Zoll alter Tarif
147	Schienen, Schwellen, Laschen- und Verbindungsplatten, Weichen und alle Zubehörteile von gewöhnlichen Eisenbahngleisen	100 kg B	f. 0,20	frei*)
148	Röhren und Röhrenformstücke	v. W.	3 %	5 %
149	Formstücke n. b. b. und Krähne, auch Hydranten, Abschlußkrähne, Krahnkasten, Feuerkrähne und ähnliche Teile von Gas- und Wasserleitungen	"	3 %	5 %**)
150	Nägel, Stifte, Haken, Krammen, Schrauben, Muttern, Klinkenbolzen, Klinkennägel, Haken- und Schraubenbolzen, Schraubösen und dergleichen	"	3 %	5 %
151	Anker, Ketten, Tauwerk, Stacheldraht, umwickelter Eisendraht, Sprungfedern, Eisengaze, gelochte Flacheisen und Fässer	"	3 %	5 %
152	Achsen, Räder, Radkränze, Ölkannen, Puffer, Koppelungen, Federn, Bremsen und dergleichen gesondert eingeführte Teile von Untergestellen von rollendem			

*) Teile von Weichen und Signalen 5 % v. W. **) Gas- und Wasserleitungsröhren mit mehr als 5 cm lichtem Durchmesser zollfrei.

No.	Artikel	Maßstab	Zoll neuer Entwurf	Zoll alter Tarif
	Material für Eisenbahnen und Straßenbahnen	v. W.	3 %	5 %
153	Gegenstände, auch Werkzeug, aus Eisen, Stahl oder Blech n. b. b.:			
	a) roh bearbeitet, auch weiter bearbeitet, soweit nicht im folgenden höher belastet	„	6 %	5 %*)
	b) verzinkt, verzinnt, verkupfert, verbleit, bronziert, gefirnißt, gefärbt, poliert, lackiert, emailliert, vernickelt, versilbert, vergoldet oder auf andere Weise verziert . .	„	12 %	5 %
	Kupfer und Kupferlegierungen.			
154	Gegossen, in rohen Blöcken, Stäben und dergl., Altkupfer	—	frei	frei
155	Gewalzt oder gestreckt, auch mit anderen Metallen überzogen	—	„	„
156	Draht:			
	a) Kabel und Draht für elektrische Leitungen (isoliert) und anderer umwickelt. Kupferdraht, vergoldeter Draht; Sprungfedern	v. W.	5 %	5 %

*) Handwerkszeug gegenwärtig teilweise zollfrei.

No.	Artikel	Maßstab	Zoll neuer Entwurf	Zoll alter Tarif
	b) anderer	—	frei	frei
157	Röhren, Formstücke u. Krähne	v. W.	3 %	„
158	Stifte, Nägel, Haken, Krammen, Schrauben, Muttern, Klinkenbolzen, Klinkennägel, Schraubösen und dergl.	„	3 %	„
159	Gewebe von Draht, Tauwerk	„	3 %	„
160	Gegenstände von Kupfer und Kupferlegierungen n. b. b.:			
	a) roh bearbeitet, unfertig.	„	6 %	„
	b) fertig	„	12 %	5 %
	Blei.			
161	Gegossen, in rohen Blöcken, Stäben und dergl., Altblei.	—	frei	frei
162	Gewalzt, gestreckt oder gezogen (Draht), auch mit anderen Metallen überzogen. Letternmetall	—	„	„
163	Röhren und Pfeifen	100 kg B	f. 0,50	„
164	Gegenstände aus Blei:			
	a) roh bearbeitet, auch weiter bearbeitet, soweit nicht im folgenden höher belastet	„ B	1,—	„
	b) bronziert, gefirnißt, lakkiert, gefärbt oder mit anderen Metallen überzogen	v. W.	12 %	„
	Legierungen werden wie „Blei“ behandelt.			

No.	Artikel	Maßstab	Zoll neuer Entwurf	Zoll alter Tarif
	Zink.			
165	Gegossen, in rohen Blöcken, Stäben und dergl., Altzink	—	frei	frei
166	Gewalzt, gestreckt oder gezogen (Draht), auch mit anderen Metallen überzogen, n. b. b.	—	„	„
167	Röhren und Pfeifen; Wellblech*)................	100 kg B	f. 1,—	5 % v. W. *) frei
168	Gegenstände aus Zink:			
	a) roh bearbeitet, auch weiter bearbeitet, soweit nicht im folgenden höher belastet.............	„ B	2,—	5 %
	b) poliert, bronziert, gefirnißt, lackiert, gefärbt oder mit anderen Metallen überzogen......	v. W.	12 %	5 %
	Zinn.			
169	Gegossen, in rohen Blöckchen, Stäben und dergl.	—	frei	frei
170	Gewalzt, gestreckt oder gezogen (Draht)................	—	„	„
171	Blattzinn (Stanniol)........	100 kg	f. 5,—	„
172	Gegenstände aus Zinn:			
	a) roh bearbeitet, auch weiter bearbeitet, soweit nicht im folgenden höher belastet.............	v. W.	6 %	5 %

No.	Artikel	Maßstab	Zoll neuer Entwurf	Zoll alter Tarif
	b) poliert, bronziert, gefirnißt, gefärbt oder mit anderen Metallen überzogen	v. W.	12 %	5 %
	Britannia-Metall*) wird wie „Zinn" behandelt.			*) 5 %
	Nickel.			
173	Gegossen, in rohen Stäben, Stücken und dergl.	—	frei	frei
174	Geschmiedet, gewalzt oder gezogen (Draht*)	—	„	„ *) 5 %
175	Gußstücke und Schmiedestücke in unbearbeitetem Zustande	v. W.	3 %	frei
176	Röhren	„	3 %	„
177	Gegenstände aus Nickel	„	12 %	5 %
	Neusilber, Christofle-Silber u. dergleichen werden wie „Nickel" behandelt.			
	Aluminium.			
178	Gegossen, in rohen Blöcken, Stäben und dergl.	—	frei	frei
179	Geschmiedet oder gewalzt . . .	—	„	„
180	Gußstücke in unbearbeitetem Zustande	v. W.	3 %	„
181	Röhren, Draht und Gewebe aus Aluminium	„	3 %	„
182	Gegenstände aus Aluminium .	„	12 %	5 %
	Edle Metalle.			
183	Platin und sog. Platinmetalle			
	a) unbearbeitet	—	frei	frei
	b) bearbeitet, auch Draht .	v. W.	3 %	pro kg 0,10 f.

No.	Artikel	Maßstab	Zoll neuer Entwurf	Zoll alter Tarif
	Gold und Silber.			
184	Gold in Stäben, Barren und Klumpen, Goldstaub, zerbrochenes Goldgerät	—	frei	frei
185	Silber in Stäben, Barren und Klumpen, zerbrochenes Silbergerät	—	"	"
186	Gold- und Silberdraht......	v. W.	3 %	3 %
187	Blattgold und Blattsilber, auch unecht	"	3 %	3 %
188	Gold und Silber, gemünzt...	—	frei	frei
189	Medaillen, Denkmünzen und dergl.	—	"	"
190	Gegenstände aus Gold und Silber, n. b. g., ganz oder teilweise vollendet	v. W.	12 %	5 %
	Verschiedene mineralische Gegenstände.			
191	Steinkohlen, Braunkohlen, Koks	—	frei	frei
192	Preßkohlen n. b. g.	—	"	"
193	Herdasche	—	"	"
194	Gips	—	"	"
195	Kalk....................	—	"	"
196	Mörtel	—	"	"
197	Zement	—	"	"
198	Kreide	—	"	"
199	Quecksilber und Quecksilberlegierungen	—	"	"

No.	Artikel	Maßstab	Zoll neuer Entwurf	Zoll alter Tarif
200	Salpeter:			
	a) Chili-	—	frei	frei
	b) anderer	—	„	„
201	Schwefel:			
	a) gereinigt	—	„	„
	b) anderer	—	„	„
202	Asbest	—	„	„
203	Meerschaum	—	„	„
204	Glimmer	—	„	„

Gruppe IV.

Mehl und Mehlerzeugnisse.

No.	Artikel	Maßstab	Zoll neuer Entwurf	Zoll alter Tarif
205	Mehl von Getreide und Hülsenfrüchten, n. b. b.	—	frei	frei
206	Kartoffelmehl, n. b. b.	—	„	„
207	Sagomehl, Tapiokamehl und Pfeilwurzelmehl n. b. b. . . .	—	„	„
208	Mehl von Früchten n. b. b. . .	100 kg	f. 2,50	„
209	Perlsago, Perltapioka, Flockentapioka, Tapiokasago und Sagoflocken n. b. b.	„	2,50	„
210	Stärke:			
	a) lose in Kisten, Fässern oder Ballen	—	frei	„

No.	Artikel	Maßstab	Zoll neuer Entwurf	Zoll alter Tarif
	b) für den Kleinverkauf verpackt	100 kg	f. 1,50	frei
211	Nudeln n. b. b.	„	2,50	2,—
212	Maccaroni n. b. b.	„	2,50	2,—
213	Mehlfabrikate und Kartoffelmehlfabrikate n. b. b.*)	„	2,50	2,—
214	Hafermalz, Reisflocken und dergleichen geplättetes, geröstetes oder auf andere Weise zubereitetes Getreide, n. b. b.	„	2,50	frei
215	Brot und Zwieback	—	frei	„
216	Schiffszwieback	100 kg	f. 1,—	„
217	Hundekuchen und fertiges Hühnerfutter	„	1,50	„
218	Mehl und Kartoffelmehl und Fabrikate daraus — mit Ausnahme von Stärke —, Sagomehl, Tapiokamehl, Pfeilwurzelmehl, Perlsago, Perltapioka, Flockentapioka, Tapiokasago, Sagoflocken, Nudeln, Maccaroni, auch Brot und Zwieback und gebrochenes, geplättetes, geröstetes od. auf andere Weise zubereitetes Getreide, alles fürden Kleinverkauf verpackt	„	3,—	5 % v. W.
	Enthalten die unter 213, 214 und 218 genannten Waren mehr als 10 % Süßstoffe, so sind sie als „Kuchen und Konditorwaren“*) zu verzollen.			*) 100 kg f. 25,—

Gruppe V.

Chemische Erzeugnisse, Heilmittel, Drogen, Farbwaren, Farb- und Gerbstoffe.

No.	Artikel	Maßstab	Zoll neuer Entwurf	Zoll alter Tarif
219	Holzgeist	hl	f. 115,—	115,—
220	Fuselöl, Amyl-, Betyl- und Propyl-Alkohol	„	115,—	115,—
	Für die unter 219 und 220 genannten Stoffe kann, soweit sie als Roh- oder Hilfsstoffe für die Industrie dienen, unter den nötigen Sicherheitsmaßregeln gegen Mißbrauch durch allgemeine Verordnung Zollfreiheit bewilligt werden *)			*) desgl.
221	Essig, darunter Holzsäure und Essigsäure, kristallisiert od. flüssig:			
	a) bei einer Stärke von weniger als 100 g wasserfreier Essigsäure auf das Liter	„	3,—	3,—
	b) bei einer Stärke von 100 g wasserfreier Essigsäure auf das Liter ...	„	3,50	3,50
	c) und bei höherer Stärke verhältnismäßig mehr *)			*) desgl.
222	Essigsaures Natron:			
	a) wasserfrei	100 kg	25,60	25,60
	b) wasserhaltig	„	15,40	15,40
223	Essigsaurer Kalk:			
	a) wasserfrei	„	26,60	26,60
	b) wasserhaltig	„	23,80	23,80

No.	Artikel	Maßstab	Zoll neuer Entwurf	Zoll alter Tarif
224	Flüssige Kohlensäure	100 kg netto	f. 2,50	frei
225	Milchzucker	"	6,—	"
226	Saccharin und dergl. chemisch bereitete Süßstoffe	100 kg	400,—	5 % v. W.
227	Tafeln, Saccharin oder ähnliche Süßstoffe enthaltend	"	300,—	5 % v. W.
228	Heilmittel:			
	a) verpackt für sofortigen Gebrauch oder für den Kleinverkauf, auch fertige (zusammengesetzte) Arzeneien ohne Rücksicht auf die Verpackung	"	50,—	5 % v. W.
	Mit fertigen Arzeneien werden gleichgestellt: Medizinal-Syrup und -Wein, Tinkturen, Extrakte, Serums, Salben, Pillen, Pastillen, gefüllte Kapseln, alle soweit sie nicht unter b fallen.			
	b) Geheimmittel, sogenannte	"	300,—	5 % v. W.
	c) andere	—	frei	frei
229	Brunnensalze:			
	a) für den Kleinverkauf verpackt	100 kg	f. 50,—	5 % v. W.
	b) auf andere Weise verpackt	—	frei	frei
	Chemische Erzeugnisse n. b. g.	—	"	"
	Für Chloral-Hydrat[1]), Schwefeläther[2]), Chloroform[3]), Antipyrin*), Essigäther[4]), Spiritus nitri dulcis[1]) und andere aus oder mit Alkohol, Holzgeist, Holzsäure, Essigsäure,	1 kg		*) frei [1]) f. 1,30 [2]) f. 2,20 [3]) f. 1,50 [4]) f. 1,20

No.	Artikel	Maßstab	Zoll neuer Entwurf	Zoll alter Tarif
	essigsauren Salzen oder ähnlichen Stoffen bereitete chemische Erzeugnisse wird durch allgemeine Verordnung ein Einfuhrzoll innerhalb 5% des Wertes festgesetzt.			aus od. mit Holzgeist bereitete das l. f. 1,15 andere wie 2,4% Branntwein
231	Drogen n. b. g.	—	frei	frei
232	Gelatine:			
	a) in Blättern und dergl., auch in Stückchen geschnitten	100 kg	f. 4,—	„
	b) Kapseln	„	6,—	„
233	Gummi, Leim und Dextrin . .	—	frei	„
234	Gummi, Leim und andere Klebstoffe, für den Kleinverkauf verpackt	v. W.	12 %	5 %
235	Schießpulver, Dynamit und andere Sprengstoffe, Zündmittel und Feuerwerk	100 kg B	f. 6,—	5,—
236	Fackeln und Feueranzünder .	„ B	1,—	5% v. W.
237	Streichhölzer	100 kg	5,—	5% v. W.
238	Vanillin, auch künstliche Riechstoffe wie Heliothropin, Jonon und dergleichen	„	100,—	5% v. W.
239	Parfümerien, Pomade, Zahnpulver, Puder und ähnliche Toilettenartikel, auch Toilettenwasser	„	100,—	5% v. W.
	Enthalten die unter 239 genannten Flüssigkeiten mehr als 5% Alkohol, so werden sie verzollt als „Branntwein".*)			*) desgl.
240	Glühlichtstrümpfe	100 Stck.	0,50	5% v. W.

No.	Artikel	Maßstab	Zoll neuer Entwurf	Zoll alter Tarif
241	Beinschwarz	—	frei	frei
242	Farbwaren u. Farbstoffe n. b. g.	—	„	5 % v.W.*)
243	Farbwaren u. Farbstoffe, für den Kleinverkauf verpackt	v. W.	6 %	5 % v.W.
244	Farbe, angemacht, n. b. b. ..	100 kg	f. 3,—	5 % v.W.
245	Firnis, n. b. b.	„	3,—	frei
246	Siegel- und Flaschenlack:			
	a) in Kuchen	„	4,—	5 % v.W.
	b) anderer	„	20,—	5 % v.W.
247	Künstliche Gerbstoffe	—	frei	frei
248	Tinte:			
	a) Druckerschwärze	100 kg	f. 1,50	5 % v.W.*)
	b) andere	„	4,—	5 % v.W.*)

Gruppe VI.

Oele, Fette, Wachs, Teer, Pech und Destillationsprodukte von Teer und Steinkohle.

No.	Artikel	Maßstab	Zoll neuer Entwurf	Zoll alter Tarif
249	Pflanzliche Öle, nicht flüchtig, und pflanzliche Fette n. b. g.	100 kg	f. 0,65	0,55
250	Flüchtige (ätherische) Öle und wohlriechende Fette:			
	a) Terpentinöl, Tannennadelöl, Cajeputöl und Kampferöl	„	0,65	frei

*) In anderer Verpackung als Flaschen, Kruken oder Büchsen: zollfrei.

No.	Artikel	Maßstab	Zoll neuer Entwurf	Zoll alter Tarif
	b) Pfeffermünzöl:			
	1. eingeführt in Verpackungen von mindestens 1/2 kg netto	100 kg	f. 15,—	5 % v. W.
	2. eingeführt in kleineren Verpackungen	„	100,—	5 % v. W.
	c) andere:			
	1. eingeführt in Verpackungen von mindestens 1 kg netto	„	15,—	5 % v. W.
	2. eingeführt in kleineren Verpackungen	„	100,—	5 % v. W.
251	Palmöl, Palmenmarköl	—	frei	frei
252	Kokosöl, nicht eßbar, und andere nicht eßbare Pflanzenfette	—	„	„
253	Kakaobutter, Muskatbutter ...	—	„	„
254	Bienen- und Pflanzenwachs ..	100 kg	f. 3,—	„
255	Tierische Öle, n. b. g.	—	frei	„
256	Tran:			
	a) für den Kleinverkauf verpackt	100 kg	f. 2,—	5 % v. W.
	b) anderer	„	0,65	frei
257	Olein	„	0,65	0,55
258	Stearin (Stearinsäure) und ähnliche Fettsäuren	„	0,65	frei
259	Seife:			
	a) wohlriechende und durchscheinende Seife, wohlriechendes Seifenpulver und Seifenpapier	„	15,—	4,—

No.	Artikel	Maßstab	Zoll neuer Entwurf	Zoll alter Tarif
	b) andere, hart, und Seifenpulver n. b. b.	100 kg	f. 3,—	2,—
	c) andere, weich	,,	1,—	1,—
260	Kerzen und Nachtlichte.....	,,	5,—	5 % v. W.*)
261	Mineralöle (Petroleum, Benzin, Erdöl usw.) einschließlich der öligen Destillationsprodukte von Steinkohlenteer n. b. b.	,,	0,75	0,55
	Für rohes Petroleum und Petroleumabfall, das nicht zur Herstellung von Leuchtpetroleum im Inlande geeignet ist, und das nicht unter Position 263 fällt, kann, unter den nötigen Sicherheitsmaßregeln gegen Mißbrauch, durch allgemeine Verordnung Zollfreiheit gewährt werden.*)			*) desgl.
262	Kreosot, Karbolsäure,*) Kreolin, Naphtalin*) u. ähnliche Mittel gegen Flecken und Fäulnis, gewonnen durch Destillation von Teer oder von Steinkohle..........	,,	0,50	*) frei 0,55
263	Schmiere und Öl für Wagen und Maschinen	,,	0,65	0,55**)
264	Schuhwichse, Bohnerwachs, Putzpulver und ähnliche Putz- und Bohnermittel...	,,	5,—	5 % v. W.
265	Erdwachs und Zeresin......	—	frei	frei
266	Paraffin	—	,,	,,
267	Vaselin..................	100 kg	f. 2,—	,,

*) Talgkerzen f. 3,— für 100 kg. **) Wagenschmiere in Dosen, Töpfen, Büchsen und Kistchen bis zu 1 kg: 5 % v. W.

No.	Artikel	Maßstab	Zoll neuer Entwurf	Zoll alter Tarif
268	Asphalt	—	frei	frei
269	Harz	—	"	"
270	Bernstein	—	"	"
271	Pech	—	"	"
272	Teer aller Art	—	"	"

Gruppe VII.

Holz und Waren daraus.

No.	Artikel	Maßstab	Zoll neuer Entwurf	Zoll alter Tarif
273	Holz, n. b. b.:			
	a) ungesägt	—	frei	frei
	b) behauen, gesägt, ohne Entfernung von Kernholz, nicht weiter bearbeitet, vierkantig gesägt	—	"	"
	c) mit Kreosot oder auf andere Weise chemisch gegen Fäulnis zubereitet	cbm	f. 1,—	"
	d) gehobelt, ohne Fugen, n. b. b.	"	0,75	"
274	Auflageholz	100 kg B	1,—	"
275	Schwellen- und Weichenholz für Eisenbahngleise	—	frei	"
276	Dasselbe, mit Kreosot oder auf andere Weise chemisch gegen Fäulnis zubereitet	100 kg B	f. 0,125	"

No.	Artikel	Maßstab	Zoll neuer Entwurf	Zoll alter Tarif
277	Dauben:			
	a) roh	—	frei	frei
	b) gehobelt	100 kg B	f. 0,10	„
278	Bürstenholz und Holzstifte...	v. W.	3 %	„
279	Holzpflasterklötze	„	3 %	„
280	Tafeln für Parkettböden	„	6 %	5 %
281	Fässer, Kisten, Büchsen und ähnliche grobe Emballage .	„	3 %	frei
282	Türen, Rahmen, Leisten und andere Zimmererarbeit zum Hausbau...............	„	6 %	5 %
283	Reiser- und Haidebesen.....	—	frei	frei
284	Faßreifen	—	„	„
285	Holzschuhe...............	100 kg B	f. 2,50	5 % v. W.
286	Holzwaren n. b. b..........	v. W.	8 %	5 %
287	Rahmen von Bildern, von Spiegeln usw.:			
	a) Rahmenleisten	„	6 %	5 %
	b) Rahmen, auch nicht vollendet...............	„	12 %	5 %
288	Möbel n. b. b.	„	12 %	5 %
	Grobe Möbel (gewöhnliche Tischlerarbeit, nicht gestrichen) werden verzollt als „Holzwerk, n. b. b.“			
289	Kork:			
	a) unbearbeitet oder in Platten	—	frei	frei
	b) Viertel	100 kg	f. 3,—	10,—
	c) Gegenstände von —...	„	10,—	10,—

No.	Artikel	Maßstab	Zoll neuer Entwurf	Zoll alter Tarif
290	Weiden- und Korbwaren:			
	a) grobe, aus Weiden, Binsen, Rohr, Stroh, Holzspähnen und ähnlichen Flechtstoffen, zu Emballage bestimmt......	v. W.	3 %	frei
	b) andere, auch Möbel ...	„	12 %	5 %
291	Matten..................	„	10 %	5 %
292	Matten, für Warenlagerung gebraucht (Moskowische Matten)	—	frei	frei
293	Bänder für Matten, Sparterie, Bahnen oder Streifen für Hüte, verfertigt aus pflanzlichen Flechtstoffen, nicht verbunden mit anderen Flechtstoffen	v. W.	6 %	5 %
294	Lufa, Gegenstände aus — n. b. b.	„	12 %	5 %
295	Holzschliff und Zellulose....	—	frei	frei
296	Holzwolle und Holzdraht....	100 kg B	f. 0,15	„
297	Holzkohle...............	—	frei	„
298	Holzkohlenbriketts	—	„	„
299	Brennholz...............	—	„	„

Gruppe VIII.

Häute, Felle und Leder.

No.	Artikel	Maßstab	Zoll neuer Entwurf	Zoll alter Tarif
300	Häute und Felle, frisch, gesalzen oder getrocknet ...	—	frei	frei
301	Häute und Felle, mit dem Haare oder der Wolle gegerbt oder zubereitet.....	v. W.	6 %	„
302	Pelzwerk	„	12 %	5 %
303	Leder n. b. b.	100 kg B	f. 4,50	frei *)
304	Sämischleder	100 kg	25,—	„
305	Pergament und Trommelfelle	v. W.	6 %	„
306	Schuhwaren, ohne Rücksicht auf den Stoff:			
	a) Sohlen (keine Einlegesohlen) u. Hacken, auch in Form geschnittenes Leder	v. W.	6 %	„
	b) Schäfte und Oberteile von Schuhen (leistenfertiges Schuhwerk) ...	„	8 %	5 %
	c) Schuhe, Stiefel und anderes Schuhwerk, auch Einlegesohlen	„	10 %	5 %
307	Sattler- u. Täschnerwaren, verfertigt aus Leder, Holz, Rohr, Geweben od. anderen Stoffen	„	12 %	5 %
308	Handschuhe, ganz oder teilweise aus Leder	„	12 %	5 %
309	Geldbörsen, Brieftaschen, Zigarrentaschen und ähnliche Gegenstände aus Leder...	„	12 %	5 %
310	Lederwaren n. b. b.	„	12 %	5 %

*) Künstliches Leder zollfrei.

Gruppe IX.

Garne, Gewebe und Stoffe, Kleider, Modewaren.

No.	Artikel	Maßstab	Zoll neuer Entwurf	Zoll alter Tarif
311	Garn*) n. b. b.	—	frei	frei *) wollenes, mehr als zweidrähtig, 3 % v W
312	Garn, für den Kleinverkauf verpackt	v. W.	6 %	5 %
313	Seile, Bindfaden und Tauwerk	„	4 %	frei
314	Kattun, ungebleicht	„	3 %	5 %
315	Packleinen, Sackgut und ähnliche Emballagestoffe, Säcke	„	3 %	5 %
316	Segeltuch und Segel, darunter Karel- und Schiertuch, Teertuch und dergleichen Gewebe, Überzüge, Preßtuch und Preßsäcke, Beuteltuch, Mahlbeutel und Beutelgaze, Feuerspritzenschläuche und Scheuerlinnen	„	3 %	frei
317	Fischnetze*) und andere Netze	„	3 %	5 % *) frei
318	Manufakturen u. Stoffe n. b. b.	„	10 %	5 %
319	Band, Kordel, Schnur	„	10 %	5 %
320	Posamenten, Besatz, Borten und Fransen	„	10 %	5 %
321	Kanten und Spitzen	„	10 %	5 %
322	Decken	„	10 %	5 %
323	Tischtücher, Servietten, Bettlaken, Kissenüberzüge, Taschentücher, und alle ähn-	„	10 %	5 %

No.	Artikel	Maßstab	Zoll neuer Entwurf	Zoll alter Tarif
	lichen abgepaßten Artikel, soweit sie nicht unter einer anderen Position höher belastet sind	v. W.	10 %	5 %
324	Kleider und Kleidungsstücke, ohne Rücksicht auf den Stoff	„	12 %	5 %
325	Hüte und andere Kopfbedeckungen	„	12 %	5 %
326	Modewaren n. b. b.	„	12 %	5 %
327	Teppichstoffe, Linoleum und Läufer	„	10 %	5 %
328	Teppiche und Gardinen, abgepaßt oder aufgemacht, auch Tischdecken	„	12 %	5 %

Gruppe X.

Steinzeug, Töpferwaren, Backsteine und dergleichen Kunststeine.

No.	Artikel	Maßstab	Zoll neuer Entwurf	Zoll alter Tarif
329	Straßenklinker	100 kg B	f. 0,025	frei
330	Mauersteine:			
	a) unglasiert	„ B	0,025	„
	b) glasiert	„ B	1,10	5 % v. W.
331	Feuerfeste Steine	„ B	0,05	frei
332	Zement- und Betonsteine	„ B	0,05	„

No.	Artikel	Maßstab	Zoll neuer Entwurf	Zoll alter Tarif
333	Dachpfannen:			
	a) unglasiert	100 kg B	f. 0,05	frei
	b) glasiert	„ B	0,10	5 % v. W.
334	Irdene Röhren	„ B	0,20	5 %
335	Zementröhren	„ B	0,03	5 %
336	Boden- und Trottoirbelagsplatten:			
	a) aus Lehm und Ton (Flursteine), unglasiert, auch Eisensteinplatten u. einfarbige Zementplatten . .	„ B	0,05	frei
	b) andere	„ B	0,25	5 %
337	Wandbelagsplatten:			
	a) einfarbig, mit Ausnahme von Reliefplatten	„ B	1,—	5 %
	b) mehrfarbig, verziert oder bemalt; Reliefplatten . .	„ B	4,—	5 %
338	Rinnsteine und dergleichen, auch Gegenstände zu architektonischer Verzierung dienend, auch aus Gips und Zement	„ B	0,40	5 %
339	Steinzeug und Töpferwaren n. b. b.:			
	a) grobe	„ B	0,60	5 %
	b) andere	v. W.	12 %	5 %
340	Porzellan	„	12 %	5 %
341	Gegenstände aus Gips, Zement u. ähnlichen Stoffen, n. b. b.	„	12 %	5 %

Gruppe XI.
Glas.

No.	Artikel	Maßstab	Zoll neuer Entwurf	Zoll alter Tarif
342	Fensterglas:			
	a) gewöhnlich	100 kg	f. 1,—	5 % v. W.
	b) farbig, gerippt, matt...	„	1,50	5 %
	c) bemalt, geätzt, in Blei gefaßt oder auf andere Weise bearbeitet......	„	2,—	5 %
343	Spiegelglas:			
	a) mit geschliffen. Rändern, gebogen oder geätzt...	„	6,—	5 %
	b) anderes............	„	3,50	5 %
344	Glasstäbe und Glasröhren...	„	0,50	5 %
345	Gewöhnliche Flaschen, nicht mit Bügelverschluß......	v. W.	6 %	5 %
346	Gläserne Dachpfannen und gläserne Bodenbelagsplatten	100 kg	f. 1,—	5 %
347	Trockenplatten f. Photographie	„	10,—	5 %
348	Films..................	„	30,—	5 %
349	Optisches Glas, ganz oder teilweise geschliffen, künstliche Augen und Zähne.......	v. W.	6 %	5 %
350	Gegenstände aus Glas oder Kristall n. b. b..........	„	12 %	5 %
351	Spiegel, nicht in Rahmen...	„	12 %	5 %
352	Bruchglas...............	„	frei	frei

Gruppe XII.

Papier.

No.	Artikel	Maßstab	Zoll neuer Entwurf	Zoll alter Tarif
353	Papierstoff aller Art (Rohstoff für Papierbereitung), durchbohrt oder auf andere Art zur Verwendung als Papier ungeeignet gemacht	—	frei	frei
354	Packpapier und Pappen:			
	a) aus Gelbstroh hergestellt	100 kg B	f. 0,50	5 % v.W.
	b) aus anderem Rohstoff ..	„ B	1,—	5 % v.W.
355	Schreib-, Druck-, Karten-, Zeichen- und Fließpapier:			
	a) Holzschliff enthaltend ..	100 kg	1,20	5 % v.W.
	b) keinen Holzschliff enthaltend	„	2,50	5 % v.W.
356	Umschläge, nicht in Schachteln:			
	a) Holzschliff enthaltend ..	„	1,50	5 % v.W.
	b) keinen Holzschliff enthaltend	„	3,—	5 % v.W.
357	Papier in Schachteln, nicht mit Umschlägen.........	„	6,—	5 % v.W.
358	Papierdüten	„	3,—	5 % v.W.
	Sind die unter No. 354 bis einschließlich 358 genannten Artikel liniiert, verziert, bedruckt mit Name oder Firma oder als Formulare f. Quittungen, Wechsel, Frachtbriefe, Listen und dergl., so werden die oben festgesetzten Zölle um die Hälfte erhöht.			
359	Notenpapier	„	4,50	5 % v.W.

No.	Artikel	Maßstab	Zoll neuer Entwurf	Zoll alter Tarif
360	Tapetenpapier:			
	a) unbedruckt, sogenanntes Grundpapier	100 kg	f. 2,—	5 % v.W.
	b) anderes	"	5,—	5 % v.W.
361	Asphaltpapier.............	100 kg B	0,20	frei
362	Asbestpapier	" B	1,—	5 % v.W.
363	Pergamentpapier, Filtrierpapier, Scheuer- und Schmirgelpapier u. Lackmuspapier	100 kg	2,50	5 % v.W.
364	Lichtdruckpapier, Pauspapier und Photographiepapier...	"	10,—	5 % v.W.
365	Drucke, Pläne. Reklamekarten*) und Photographien, auch Etiketten	"	10,—	*) frei 5 % v.W.
366	Spielkarten, lose oder in Bogen	"	30,—	5 % v.W.
367	Papier und Papierwaren n. b. b.	v. W.	12 %	5 % v.W.
	Gedruckte Bücher und periodisch erscheinende Druckschriften mit dazu gehörigen Bildern und Plänen, Land- und Seekarten, Noten, Briefmarken und von Staates wegen ausgegebene Postkarten, auch ausländische, nicht gebraucht, sind zollfrei.*)			*) desgl.

Gruppe XIII.

Nahrungs- und Genußmittel.

No.	Artikel	Maßstab	Zoll neuer Entwurf	Zoll alter Tarif
368	Kakao und Schokolade, nicht mit Zucker oder anderen Zutaten bereitet	100 kg	f. 25,—	25,—
369	Kuchen und Konditorwaren, auch Biskuit	„	25,—	25,—*)
370	Zuckerwerk	„	25,—	25,—
371	Eßwaren n. b. b., für den Kleinverkauf verpackt, auch Trüffeln, Champignons, Morcheln, Soja, Kaviar	„	25,—	25,—
372	Chemisch bereitete Nahrungsmittel, z. B. Plasmon, Tropon, Somatose	„	25,—	25,—
373	Milch, kondensierte	„	25,—	25,—
374	Kaffee:			
	a) ungebrannt	—	frei	frei
	b) gebrannt und Kaffeeersatzstoffe	100 kg	f. 5,—	frei**)
375	Zichorie, für den Kleinverkauf verpackt	„	1,—	5 % v.W.
376	Tee	„	25,—	25,—
377	Muskatnüsse, Muskatblüten, Muskatschalen	„	12,50	5 % v.W.

*) Biskuit, nicht äußerlich mit Zucker, Früchten usw. verziert:
mit Zuckergehalt nicht über 20 % f. 5,50 für 100 kg
„ „ über 20 % f. 13,50 „

**) Kaffee-Essenz f. 25,—. In kleinen Packungen 5 % v. W. Kunstkaffee f. 2,—.

No.	Artikel	Maßstab	Zoll neuer Entwurf	Zoll alter Tarif
378	Muskatnüsse zur Herstellung von Muskatöl	100 kg	f. 1,—	5 %v.W.
	Die für die Zulassung dieses Zolles notwendigen Sicherheitsmaßregeln werden durch allgemeine Verordnung festgesetzt.*)			*) fehlt
379	Gewürznelken	,,	3,50	5 %v.W.
380	Gewürznelken zur Herstellung von Nelkenöl	,,	0,50	5 %v.W.
	Die für die Zulassung dieses Zolles notwendigen Sicherheitsmaßregeln werden durch allgemeine Verordnung festgesetzt.*)			*) fehlt
381	Ingwer:			
	a) nicht als Marmelade oder sonst zubereitet	—	frei	frei
	b) Marmelade in Fässern .	100 kg	f. 18,—	6,—
	c) Marmelade in Töpfen oder anderweit für den Kleinverkauf verpackt. .	,,	25,—	6,—
	d) glaciert oder kandiert. .	,,	30,—	25,—
382	Pfeffer	,,	4,—	1,50*)
383	Saffran	,,	300,—	5 %v.W.
384	Vanille	,,	125,—	5 %v.W.
385	Syrup aller Art	,,	6,—	frei**)
386	Kaneel und cassia vera.....	,,	10,—	5 %v.W.
387	Kaneel zur Herstellung von Kaneelöl	,,	1,—	5 %v.W.
	Die für die Zulassung dieses Zolles notwendigen Sicherheitsmaßregeln werden durch allgemeine Verordnung festgesetzt.*)			*) fehlt

*) Piment und Nelkenpfeffer f. 1,—. **) Aber der Verbrauchssteuer unterworfen. Wenn an bestimmten Löschplätzen abgefertigt: f. 6,— für 100 kg, aber frei von Verbrauchssteuer.

No.	Artikel	Maßstab	Zoll neuer Entwurf	Zoll alter Tarif
388	Spezereien n. b. b.	100 kg	f. 6,—	5 %o v.W.
389	Senf, alle gemahlene Senfsaat, nicht zubereitet	„	3,—	5 %o v.W.
390	Dasselbe, für den Kleinverkauf verpackt	„	25,—	5 %o v.W.
391	Salz, roh . . . . Vorbehaltlich der Bestimmungen des Verbrauchssteuergesetzes.	„	frei	frei
392	Salz, gereinigt	„	f. 4,—	4,—
393	Salz, gereinigt, für den Kleinverkauf verpackt	„	6,—	5 %o v.W.
394	Zucker . . . . Vorbehaltlich der Bestimmungen des Verbrauchssteuergesetzes.*)	—	frei	frei**) *) desgl.
395	Traubenzucker aus Satzmehl, soweit nicht einer Verbrauchssteuer unterworfen, auch Karamel	100 kg	f. 6,—	f. 6,—
396	Tabak:			
	a) in Rollen oder Blättern und Tabaksstiele	„	2,50	0,70 / 1,50
	b) geschnitten, Karotten, Schnupftabak und aller andere bearbeitete	„	25,—	12,—
	c) Zigarren und Zigaretten	„	100,—	40,—
397	Branntwein. Darunter sind zu verstehen — außer den ungemischten, durch Destillation gewonnenen, alkohol-			

**) Massézucker in Stücken f. 6,— für 100 kg, aber frei von Verbrauchssteuer.

No.	Artikel	Maßstab	Zoll neuer Entwurf	Zoll alter Tarif
	haltigen Flüssigkeiten — Liköre, Schnäpse und andere, ähnliche geistige Getränke, auch Riechwasser, Firnis und alle anderen nicht besonders belasteten, mit Alkohol zubereiteten, nicht trinkbaren Flüssigkeiten, soweit sie mehr als 5 Liter Alkohol auf den Hektoliter bei einer Temperatur von 15° C. enthalten	der Hektoliter zu 50 % bei 15° C.	f. 5,—	3,50
	Die Menge des Branntweines wird berechnet unter Zugrundelegung einer Stärke von 50% gemäß dem Verbrauchssteuergesetz. Außer dem Einfuhrzoll wird die Verbrauchssteuer erhoben. Alkoholhaltige Heilmittel gehören nicht zu dieser Position und sind nicht einer Verbrauchsabgabe unterworfen. Für Branntwein, der zur Herstellung der in der Anmerkung zu Pos. 230 genannten chemischen Erzeugnisse bezogen wird, kann unter den nötigen Sicherheitsmaßregeln gegen Mißbrauch durch allgemeine Verordnung Zollfreiheit bewilligt werden.*)			*) desgl.
398	Bier	hl	f. 5,—	3,—
399	Hefe	100 kg B	0,50	frei
400	Fruchtsyrup u. gesüßter Fruchtsaft, natürlich u. künstlich	100 kg	25,—	25,—
401	Fruchtsäfte ungesüßt, natürlich und künstlich, soweit sie			

No.	Artikel	Maßstab	Zoll neuer Entwurf	Zoll alter Tarif
	nicht einer Verbrauchssteuer unterliegen	hl	3,—	3,—
402	Brunnen- und Mineralwasser, natürlich oder künstlich . .	100 Flaschen [1]) od. Krüge [2])	1,—	[1]) 0,50 [2]) 0,25
403	Brauselimonaden und ähnliche Getränke	100 Flaschen	f. 3,—	hl: 3,—
404	Wein, nicht in Flaschen	—	frei	frei
	Vorbehaltlich der Bestimmungen d. Verbrauchssteuergesetzes. *)			*) desgl.
405	Wein in Flaschen:			
	a) Schaumwein	hl	f. 50,—	frei
	b) anderer	„	25,—	„
	Außer dem Einfuhrzolle wird die Verbrauchsabgabe erhoben.			
406	Eis, roh	—	frei	„

Gruppe XIV.

Fuhrwerke, Fahrzeuge, Schiffe.

No.	Artikel	Maßstab	Zoll neuer Entwurf	Zoll alter Tarif
407	Lokomotiven und Tender	v. W.	3 %	frei
408	Rollendes Material für Eisenbahnen und Straßenbahnen n. b. b.	„	6 %	5 %
409	Fuhrwerke u. Fahrzeuge n. b. b., einschließlich Motorwagen, Fahrräder und dergleichen	„	10 %	5 %
410	Schiffe, Kähne und andere Wasserfahrzeuge	—	frei	1 %

Gruppe XV.

Gegenstände aus verschiedenen Grundstoffen.

No.	Artikel	Maßstab	Zoll neuer Entwurf	Zoll alter Tarif
411	Dampfkessel, Maschinen und Geräte n. b. b. einschließlich der dazu gehörigen Behälter und dergleichen und der dazu gehörigen und gleichzeitig damit eingeführten Apparate, Instrumente, Röhren, Formstücke, Krähne und dergleichen ..	v. W.	3 %	5 %*)
412	Treibriemen, ohne Rücksicht auf den Stoff	„	3 %	frei
413	Dichtungsmaterialien u. Wärmeschutzmasse	„	3 %	„
414	Werkzeug n. b. b.; mit Ausnahme des für den Haushalt gebrauchten sowie von Messern und Scheren	„	3 %	„
415	Steine für Steindruck, Druckplatten, Stereotypplatten, Klischees, Lettern und anderes Druckmaterial ...	„	3 %	„
416	Nähmaschinen	„	3 %	„
417	Instrumente und Apparate, mathematische, physikalische, chirurgische, optische, elektrotechnische,			

*) Gewerbliche Hilfsmaschinen und Instrumente teilweise zollfrei; ebenso Maschinen und Geräte für den Ackerbau.

No.	Artikel	Maßstab	Zoll neuer Entwurf	Zoll alter Tarif
	auch Wagen und Gewichte n. b. b.	v. W.	6 %	5 %
	Dynamomaschinen *), Elektromotoren *) und Akkumulatoren werden verzollt als: „Dampfkessel usw.“			*) desgl.
418	Musikinstrumente, auch Pianolas, Grammophone und dergleichen	,,	12 %	5 %
419	Saiten aller Art...........	,,	3 %	frei
420	Automatische Wiege-, Verkaufs-, Kontroll- und dergleichen Apparate	,,	6 %	5 %
421	Anatomische und mikroskopische Präparate	—	frei	frei
422	Gemälde in Öl- oder Wasserfarben und Zeichnungen ..	—	,,	,,
423	Schreib-, Bureau-, Mal- und Zeichenmaterial n. b. b....	v. W.	12 %	5 %
424	Kopierpressen, Schreibmaschinen, Rechenmaschinen, autographische Pressen, Hektographen und ähnliche Apparate sowie die zugehörige Füllung	,,	6 %	5 %
425	Betten und Matratzen	,,	12 %	5 %
426	Lampen und Kronen für Gas-, elektrische oder andere Beleuchtung, mit oder ohne die zugehörigen Kuppeln .	,,	12 %	5 %
427	Regenschirme, Sonnenschirme, Spazierstöcke	,,	12 %	5 %

No.	Artikel	Maßstab	Zoll neuer Entwurf	Zoll alter Tarif
428	Taschenuhren, Turm- und Wanduhren, Pendeluhren, und Gehäuse, nebst den dazu gehörigen und gleichzeitig damit eingeführten Glocken, Gläsern, Deckeln und dergleichen	v. W.	12 %	5 %
429	Geschütze[1]) u. Lafetten, Handfeuerwaffen, blanke Waffen, Geschosse, Schrot[2]), Patronen und andere Munition .	„	6 %	[1]) 100 kg f. 7,50 od. f. 1,25 [2]) frei 5 %*)
430	Messer, Scheren und andere Messerschmiedewaren	„	6 %	5 %**)
431	Bürstenwaren:			
	a) Kleider-, Haar- u. Zahnbürsten	„	12 %	5 %
	b) andere	„	3 %	5 %
432	Siebwaren	„	3 %	5 %
433	Haararbeiten und Perücken..	„	12 %	5 %
434	Guttapercha, Kautschuk (Gummi elasticum), Zellhorn und ähnliche Stoffe:			
	a) unbearbeitet	—	frei	frei
	b) in Blättern,[1]) Platten[2]) u. Stäben[3]); Schläuche[4]), Röhren[5]), Reifen[6])	v. W.	3 %	[1]), [2]), [3]) frei, [4]),[5]),[6]) 5%

*) Kanonenkugeln f. 0,75 für 100 kg.
**) Messer als Handwerkszeug zollfrei,

No.	Artikel	Maßstab	Zoll neuer Entwurf	Zoll alter Tarif
	c) Reifen für Fuhrwerk u. Fahrzeuge	100 kg	f. 40,—	5 %
	d) andere Gegenstände von —, n. b. b.	v. W.	12 %	5 %
435	Verbandstoffe, Pflaster und dergleichen	100 kg	f. 10,—	5 % v. W.
436	Knochen, Fischbein u. Horn:			
	a) in Blättern oder Stücken	—	frei	frei
	b) Gegenstände von —, n. b. b.	v. W.	12 %	5 %
437	Korallen, bearbeitet, auch nachgemachte	„	12 %	5 %
438	Elfenbein, Schildpatt, Perlmutter, einschließlich der Nachahmungen:			
	a) in Blättern oder Stücken	—	frei	frei
	b) Gegenstände aus —, n. b. b.	v. W.	12 %	5 %
439	Asbest, bearbeitet, n. b. b.	„	6 %	5 %
440	Glimmer:			
	a) in Platten, nicht dicker als 1,5 mm	„	6 %	5 %
	b) Gegenstände aus —	„	12 %	5 %
441	Wachs, Gegenstände aus —	„	12 %	5 %
442	Tiere, ausgestopfte	„	12 %	5 %
443	Knöpfe, Schnallen, Haken und Ösen, Näh- u. Stricknadeln, Stecknadeln	„	6 %	5 %
	Manschettenknöpfe u. dergl. gehören nicht zu dieser Position.			
444	Kurz- und Galanteriewaren	„	12 %	5 %

No.	Artikel	Maßstab	Zoll neuer Entwurf	Zoll alter Tarif
	Hierher gehören alle nicht besonders belasteten Gegenstände, die gewöhnlich in Kurz- und Galanteriewarengeschäften verkauft werden, insbesondere: Zigarrenspitzen und Tabakspfeifen. Haarnadeln. Falsche Schmuckstücke. Glaskorallen und Glasperlen. Kunstblumen, getrocknete Gräser und Federn, die nicht in Vasen und nicht Modewaren sind. Kinderspielzeug. Fischangeln und Zubehör. Sportartikel. Hängematten. Kästen mit Zimmererwerkzeug oder mit Laubsägewerkzeug und dergleichen. Gegenstände aus Papiermasse.			
445	Lumpen, gemahlene Lumpen (Kunstwolle), altes Papier[1]) und Abfall aller Art n. b. g.	—	frei	frei [1]) Makulatur 5% v. W.

FSC
www.fsc.org
MIX
Papier | Fördert
gute Waldnutzung
FSC® C083411

Kolibri 360 GmbH
Ferdinand-Jühlke-Straße 7
99095 Erfurt, Deutschland
produktsicherheit@kolibri360.de